FACULTE DE DROIT DE TOULOUSE.

THÈSE

POUR

LA LICENCE

EN EXÉCUTION

De l'art. 4, Titre 2, de la Loi du 22 Ventôse an XII;

SOUTENUE

Par M. FROMET DE ROSNAY (Louis-Edouard)

Né à l'Ile Maurice (Colonie anglaise).

TOULOUSE,

Typographie TROYES OUVRIERS REUNIS,

rue Saint-Pantaléon, 5.

—

1865.

TIBI — VOBIS — PATRIÆ

Amor, amicitia et desideria.

CARISSIMIS MEIS AMICIS.

MATRIS MEÆ SORORI

Tuorum beneficiorum gratus ego et memor.

Jus Romanum.

De contrahenda emptione.

Dig., Lib. XVIII, Tit. 1. — Ins. Just. Lib. III,
Tit. 23.

Proœmium.

Emptio-venditio, et mutuæ præstationis, nonque
civilis sed juris gentium, atque non stricti juris sed
bonæ fidei, est contractus, quo, certâ pro pecuniâ numeratâ uni dandâ, alteri quædam res datur, quoque
alter alteri rem pro domino habere licere præstaturum
se promittit, alter alteri prætium dare vicissim obligatur.

Emptio-venditio , quia duabus correlativis constat partibus, scilicet emptione et venditione, quæ junctæ unum integrum constituunt contractum , hic appellatur contractus. Ejus, a quo pecunia data est , factum, emptio dicitur, illeque emptor; ejus a quo proficiscitur res , venditio , illeque venditor. Ea quæ tradita sunt, appellantur merx ; pecunia , quæ pro re datur , pretium; consensus, quo peragitur emptio , circà et rem et pretium versatur. Itaque perfectam ad hujus contractus substantiam, tria maximè essentialia sunt : scilicet primum , tantum in re quantum in pretio consensus; deindè quæ veneat res et emptori tradetur ; tertiò pretium , quod pro ea re constituatur ut venditori detur. Quorum uno deficiente , deficit quoque emptio-venditio.

Quotiès hæc concurrunt tria, de quibus diximus , perfecta venditio dicitur ; et tunc tali ex contractu utrinque nascitur obligatio.

Laboris mei corpus duabus diducam in partibus : in primâ , cui « *emptionis-venditionis forma* » is erit titulus, parte, ante omnia consensus, deinde vendita res , et in fine pretium tractabuntur ; in secunda parte « *de emptionis-venditionis effectu* » emptoris atque venditoris obligationes, aliqua quoque emptionis-venditionis pacta , et tandem arrhæ explicabuntur.

I.—*De emptionis-venditionis formâ.*

1º *De contrahentium consensu.* — Hujus contractûs et principium et fundamentum consensus est : igitur, apud

Justinianum, dicitur : « consensu fiunt obligationes in emptionibus-venditionibus, etc. (Inst. Just., lib. 3, tit. 22, *De Cons. obl.*). Ex his sequitur emptionem-venditionem, veluti per epistolam, veluti per nuntium, inter absentes contrahi posse; quin etiam tacito consensu, ut ex Scevolæ responsis apparet. In re et in pretio consensus requiritur : indè, sive in ipsâ materiâ, sive in ipsâ substantiâ, sive in pretio, sive in alia re dissentiant contrahentes, imperfecta emptio ullo sine dubio est. Sed aliter statuendum de quibusdam qualitatibus ; ità si ego me virginem emere putarem, quum jam mulier esset, emptio tamen valebit. Si in nomine dissentiamus, verum de corpore constet, valet quoque emptio.

In alterius voluntatem non conferri emptio-venditio potest : scilicet, ego tibi, si volueris, vendo, minimè consentimus ambo, enim non plenus et perfectus consensus est, sed suspenditur. Tali ex contractu, nulla obligatio, nullum nasci potest vinculum. Indè rectè quidem dicitur in emptionis venditionis contractu necessarius consensus : sufficit consensus solus de re et pretio, et emptionem venditionemque perficit; easque consummat rei traditio et pretii numeratio, qui contrahentium extremus est finis. Nec igitur scripturâ opus est, nec stipulatione, nec traditione. Cùm autem ut in scriptis venditio celebretur, advoceturque tabellio qui de ea re instrumentum conficiat, inter contrahentes actum est, tunc non antè perfecta dicitur emptio quàm in scripturâ consignata fuerit. Si autem, postquam de re et pretio convenerint contrahentes, posteà tabellionem adhiberi voluerint, nihilominus dicitur perfecta esse venditio. (Inst. Just.)

2º *De re quæ veneat.* — Sine re quæ veneat nec emptionem, nec venditionem intelligi potest, id apud Digestum scribitur. Omnium rerum, ex Pauli sententiâ, quas quis habere, vel possidere, vel persequi potest, rectè fit venditio; quas verò natura, vel gentium jus, vel civitatis mores commercio exemerunt, earum nulla venditio est. Extra autem commercium sunt loca sacra, religiosa, publicave, ut campus Martius et liberi homines. Si ab ignorante bonâ fide emptæ fuerint res quæ extra commercium sunt, tum venditio valet et venditor emptori præstare debet quod interest ejus ne decipiatur ; quod si venditor et emptor ambo nescirent, pretium solutum non repeti posse dicimus.

Alia sunt etiam quæ ex bonis moribus, aut legibus, senatus-consultis, constitutionibus vendere et emere non licet : ità veneni emptio interdicitur. Ex lege XII Tabularum, res furtiva emi non potest : si tamen hoc vitium emptor ignoraverit, valebit emptio ex utroque latere.

Non interest utrum, quæ vendi possunt, præsentes an futuræ sint res, id apud Pomponium : veluti, fructus partusque futuri, adhuc in herbis frumenta, vel annui reditus. Rei quoque incertæ contrahitur rectè emptio, sicut quùm alea emitur, id est piscium captus, vel ferarum aut avium in venatione. Spei simplicis emptio hoc dicitur : cujus vis est ut, etiamsi nihil inciderit, tamen valet contractus ; inque emptoris commodum quod captum vertitur, quanquam pluris quam constitutum pretii fit.

Non tantum corporales, sed etiam et incorporales et imò jura vendi possunt : scilicet certè venditur ususfructus, et tàm res singulares quam universitates.

Non solum venditori propria, sed etiam res aliena vendi potest ; sed tali ex contractu , dominium , quod non habebat venditor, non in emptorem transfert traditio : nam traditio emptorem rei venditæ dominum , dominus si venditor erat , facit ; si non erat, facit ut eam usucapere possit emptor.

Rem tuam sane vendere potes, sed tuæ rei non valet emptio, sive sciens, sive ignorans emisti. Sic inter patrem et filium nulla contrahitur emptio , nisi de rebus castrensibus, nemini enim possessionis titulum sibi duplicare licet. Hinc si quis rem suam pigneratam redemerit, emptione non tenetur, et omnia sunt creditori integra.

3º *De pretio.* — Sine pretio nulla est venditio, ut rectè ait Ulpianus.

Pretium est quod emptor venditori dare vicissim obligatur, id est rei venditæ præmium.

Tria circa pretium requiruntur : ut serium sit et certum et in numeratâ pecuniâ.

1º Primò quidem serium esse debet pretium, id est justum et non nugatoriè aut fictitium, ne nimia inter pretium et mercem appareat inæqualitas ; alioquin rescisioni subjaceret contractus; sic in rescripto Imperator statuit Diocletianus (L. 2, Codic, *de resc. vend.*) Sed emptio viliore pretio facta valet, si, animo donandi, quis veluti simulatam venditionem effecit. Si venditor dare noluit , pro læsione venditio rescindi poterit.

2º Certum quoquè pretium esse debet ; quamdiù incertum indefinitumque pretium, imperfecta sanè censetur emptio, ncc ulla nascitur obligatio. Certum debet, id est in ipso contractu constitutum ; verbi gratiâ : centum aureos dabo, vel quantum pretii in arcâ habeam, aut quanti a te emptum sit ; non autem contrà quanti velis, quanti æquum putaveris. Pretium quoque pro certo valdè haberetur, si a contrahentibus in tertii arbitrium æstimatio ejus collata fuisset. Dubitandum olim fuit an pretii definitione in alterius arbitrium collata emptio valeret : constituit Justinianus ut quasi sub conditione facta emptio penderet, ita ut, si pretium ille definierit, omnimodò, secundùm ejus æstimationem, et pretia persolvi et venditionem ad effectum pervenire velit ; si non estimâsset, corrueret venditio, nullo statuto pretio.

3º Denique in numeratâ pecuniâ pretium consistere oportet; alioquin contractus permutatio foret (Inst. Just. Lib. 3, tit. 23, § 2). Hoc antiquitus inter Sabinos Proculianosque valdè agitatum fuit. Sabinus et Cassius esse emptionem existimabant, velut si togam de diut tunicam acciperem ; Nerva et Proculus contra permutationem non emptionem esse : verior Nervæ et Proculi sententia, nam haud in hâc specie, pretium a mercede, emptor a venditore, facile discernuntur. Sufficit tamen in pecuniâ, cum contrahitur, pretium constitui ; licet posteà aliud pecuniæ vice persolvi.

II. — *De venditionis-emptionis effectu.*

Perfecto ex contractu utrinque obligationes nascuntur. Emptor et venditor invicem sibi ita obligantur ut non, nisi mutuo consensu, a contractu discedere possint.

Actione ex vendito, nummos, pretii nomine pro re venditâ promissos, solvere, tenetur emptor ; actione ex.

empto venditor, ut rem habere licere præstet emptori.
Actio empti emptori adversus venditorem datur ; actio
venditi adversus emptorem venditori : ità variis ambo
contrahentes obligationibus ligantur. Præterea sunt ac-
tiones quæ secundum casus nascuntur , id est : ex stipulatu redhibitoria , quanti minoris , et rescindenda
venditione ex stipulatu , circa stipulationes contractui
adjectas ; quanti minoris , quùm res quibusdam casibus
est vitiata ; redhibitoria, quæ per sex menses adhibetur,
cum non solvitur pretium , etc

Venditoris obligationes. — Multæ venditoris obliga-
nes sunt : 1º Venditor emptorem in vacuam rei possessionem inducere debet , ità ut res tradatur , non ut
detur ; dare enim significat dominium transferre ;
tradere autem est non in alium transferre proprie-
tatem, sed tantummodò possessionem. Siquidem , ut
suprà diximus, dominus venditor , emptorem dominum
facit ; si non , evictionis nomine obligatur ut venditam
rem usucapere possit emptor eamque longo tempore
possidendo sibi acquirere (L. 11, § 2 *de act. empt.* —
L. 188, *de verb. sign.*); 2º Neque solum evictionis ,
insuper autem latentium vitiorum auctor est venditor; 3º
Si fortuito casu perierit res, vel in mora venditoris, siquidem apud emptorem nihilominus periisset, venditor
adhuc tenetur ut emptori vendicationem, condictionem,
actionesque tradat, quæ ipsi venditori circà rem com-
petunt ; 4º Venditor sese debet abstinere ab eo per
quod res vendita emptori inutilis redderetur. Itaque
venditorem levi culpâ teneri dicitur, et rebus suis ad-
hibere boni patris-familias more (*Inst. Just.* § 3). Sed
contrà quidquid enim sine dolo et culpâ venditoris ac-
cidit , in eo venditor securus est.

Emptoris obligationes. Perfecta quidem venditione , emptorem pretium solvere necesse est ; quod si non solvat pretium , id petere , non vero rem vendicare potest venditor, quia condictio , *causâ datâ causâ non secutâ* , nominatis in contractibus non exerceri potest.

Cum autem emptio-venditio contracta sit, quod effici diximus , simul atque de pretio convenerit , periculum rei venditæ statim ad emptorem pertinet, tametsi adhuc ea res emptori non sit tradita (Inst. Just. lib. 3 , tit. 23, § 3.) Undè quandò venditio perfecta quæritur, ut suprà diximus. Hinc : 1º Si res, quæ in genere est , vendita sit , ut homo , sine aliâ designatione , tunc periculum semper venditoris est , nam genera nec augere nec perire possunt

2º Cùm res quæ væniit , in pondere , numero aut mensurâ consistit , et ad pondus , numerum , aut mensuram vendita est , tunc perfecta venditio dicitur , cùm res adpensa , admensa , adnumerata est , quoniam sub hac conditione contractum sit.

3º Emptor pretium dare venditori tenetur , et die et loco conventione dictis; et cùm res sub conditione vendita sit , si pendente conditione res pereat aut deterior facta sit , ad venditorem periculum pertinet , quasi nondùm perfecta venditio sit (D. *de peric. rei vend.*)

Adjectis de pactis et arrhis. — Emptio tàm sub conditione quàm purè contrahi potest. (Inst. Just. , § 4.) Multa solent emptioni-venditioni adjici pacta ad minuendam vel augendam obligationem. Pacta strictè interpretantur , et obscuritas pacti potiùs venditori quàm emptori nocet.

Præcipua sunt in diem addictio, lex commissoria et de retrovendendo.

In diem addictio ità fit : ille fundus centum esto tibi emptus, nisi si quis intrà calendas januarias proximas meliorem conditionem fecerit quo res a domino abeat.

Lex commissoria est ea quà inter venditorem et emptorem convenit, ut si intrà præfinitum diem pretium solutum non sit, res sit inempta.

Pacto retrovendendo, venditor rem venditam ab emptore redimendi, restituto pretio, facultatem per certum tempus habet.

Jure Justiniano arrhæ dantur ut qui eas dedit et qui eas accepit teneantur contractum perficere : ità, is qui dedit, amittat arrhas, si recuset ; si contrà recuset is qui accepit, reddat duplicatas. Arrhas ab emptore acceptas venditor retinet, donec ipsi pretium numeretur. Pretio autem numerato, quà actione arrhæ repetuntur ? Julianus quidem dicit ex empto agi posse. Certè etiam condici poterit, quia jàm sine causà apud venditorem sunt arrhæ.

Prioribus temporibus arrhæ venditionis argumentum et probatio conventionis erant.

POSITIONES.

I. Suam rem quis nonnunquàm emere potest.

II. In aliâ re quàm in numeratâ pecuniâ non potest pretium constitui , ex Proculi sententiâ. (L. 1 , D.)

III. Fundum alienum mihi vendidisti ; posteà idem ex causâ lucrativâ meus factus est : an competet mihi ad pretium recuperandum adversùs te actio ex empto? — Ità. (Pauli sent. , lib. II , tit. 17 , *empt.-vend.*)

IV. Post venditionem si rem citrà culpam moramque amiserit venditor , obligatione ejus tradendæ liberetur.

————

Code Napoléon.

***

Des successions.

LIVRE III, TIT. I, CHAP. 3 ET 4.

(Art. 731 à 773.)

Des divers ordres de succession.

SECTION PREMIÈRE.

Notions générales.

Le mot succession désigne toute transmission de droits
d'une personne à une autre. Mais, outre ce sens général,

il a une signification particulière par laquelle il exprime le mode spécial d'acquérir dont il s'agit ici, c'est-à-dire la transmission universelle des droits actifs et passifs d'un défunt à une ou plusieurs personnes vivantes que la loi appelle à les recueillir.

A Rome, on distinguait deux classes de succession : 1° la succession testamentaire, celle qui était en faveur à cause de l'espèce de déshonneur qu'il y avait à mourir sans avoir institué son héritier ; 2° la succession *ab intestat*, qui, à défaut de testament, était déférée par la loi. Chez nous, le testament ne peut plus faire que des légataires, jamais des héritiers. On n'est héritier qu'en vertu de la loi.

L'ouverture de la succession *ab intestat*, c'est-à-dire la fixation du droit des personnes appelées, n'avait lieu à Rome qu'au moment où il devenait certain qu'il n'y aurait pas d'héritier testamentaire. Chez les Français, elle a lieu au moment de la mort. Depuis l'abolition de la mort civile, par la loi du 31 mai 1854, la succession ne s'ouvre plus que par la mort naturelle. C'est donc à ce moment qu'il faut réunir les conditions exigées par la loi pour être héritier.

La loi distingue deux grandes classes d'héritiers :

1° Les héritiers proprement dits, ou successeurs réguliers, qui sont les parents légitimes du défunt ;

2° Les successeurs irréguliers, qui sont les parents naturels, le conjoint survivant, et l'Etat.

Il y a ce point de ressemblance entre ces deux classes de successeurs, que les uns et les autres, sans distinction, deviennent, à l'instant même du décès, propriétaires de tous les biens et de tous les droits qui composent le patrimoine laissé par le défunt. Mais il y a

entre eux deux grandes différences : 1° les successeurs
réguliers ont la saisine , c'est-à-dire l'investiture
légale et de plein droit, qui les rend non-seulement
propriétaires, mais encore possesseurs des biens laissés
par le défunt ; tandis que les successeurs irréguliers ,
devenus, au moment de l'ouverture de la succession,
propriétaires des biens qui la composent, n'en devien-
r.ent possesseurs que *voluntate judicis* ; 2° les successeurs réguliers, étant les représentants absolus, les
continuateurs de la personne du défunt, sont tenus de
supporter, *ultrà vires bonorum*, les charges de la succession ; au contraire, les successeurs irréguliers, ne
continuant pas la personne du défunt et n'étant tenus
d'acquitter les dettes que parce qu'ils prennent ses biens,
en vertu du principe : *bona non intelliguntur nisi
deducto ære alieno*, ne supportent les charges de la
succession que jusqu'à concurrence de la valeur des
biens qui la composent.

Au reste, il faut ajouter que , bien que l'héritier
légitime remplace 'le défunt sans aucun intervalle,
puisque le mort saisit le vif, il n'a pas acquis irrévocablement la qualité d'héritier tant qu'il ne l'a pas acceptée : jusque-là il peut l'abandonner, et se soustraire
au paiement des dettes sur ses propres biens, soit en
renonçant totalement à la succession, soit en ne l'acceptant que sous bénéfice d'inventaire, en vertu duquel
il ne sera soumis au paiement des dettes de la succession que jusqu'à concurrence de la valeur des biens, et
pourra s'en décharger en abandonnant ces biens aux
créanciers de la succession.

Les personnes appelées à la succession d'un défunt
sont ses parents. La parenté est le lien qui existe entre

plusieurs personnes descendant les unes des autres ou d'un auteur commun. La proximité de parenté résulte du nombre de générations : chaque génération forme un degré ; la suite des degrés forme la ligne.

La ligne est directe ou collatérale. La série des degrés entre personnes descendant les unes des autres forme la ligne directe ; celle entre personnes qui ne descendent pas les unes des autres, mais d'un auteur commun, forme la ligne collatérale.

La ligne directe est ascendante quand on examine le rapport d'une personne avec celle dont elle descend ; descendante dans le cas inverse.

En ligne directe, on compte autant de degrés qu'il y a de générations entre les personnes.

En ligne collatérale, il faut, pour compter les degrés, remonter de l'un des collatéraux à l'auteur commun , puis redescendre de l'auteur commun à l'autre collatéral.

La base de la vocation à la succession est donc la parenté, laquelle peut être paternelle ou maternelle, ou tout à la fois paternelle et maternelle.

Les parents paternels sont le père et tous les parents paternels ou maternels du père. De même, les parents maternels sont la mère et tous ses parents maternels ou paternels. Les parents paternels sont dits consanguins ; les parents maternels , utérins ; les parents à la fois paternels et maternels se nomment germains.

Voyons quelle application le Code a tirée de cette distinction.

La loi ne considère ni la nature ni l'origine des biens pour en régler la succession. (Art. 732, C. N.) (Décr. 17 niv. an II.) Nous voyons là une dérogation à l'ancien droit coutumier.

Dans les pays de Droit écrit, on suivait le dernier
état du Droit romain : tous les biens de la succession,
mis en une seule masse, étaient attribués au parent le
plus proche dans l'ordre appelé à succéder. Ce système,
très facile dans la pratique, avait souvent des résultats
iniques, car il pouvait arriver qu'un patrimoine tout en-
tier passât d'une famille dans une autre. Il n'était pas,
il faut le dire, suivi dans les pays de coutume, où le
réglement des successions avait lieu eu égard à la nature et à l'origine des biens. Quant à leur nature, les
biens étaient meubles ou immeubles, nobles ou roturiers,
et attribués à tels ou tels héritiers. D'après leur origine,
ils étaient propres ou acquêts ; propres, ceux venant
d'un parent en ligne directe et par le défunt recueillis ;
acquêts, ceux acquis par le défunt. Les meubles et les
acquêts étaient attribués au parent le plus proche dans
l'ordre appelé à succéder. Quant aux immeubles propres, ils étaient divisés en deux parties ; ceux venus
du côté du père, et ceux venus du côté de la mère ; les
premiers étaient attribués aux parents paternels, les
seconds aux parents maternels. C'était l'application de
la règle : *Paterna paternis, materna maternis,* appelée
la fente. On faisait quelquefois une subdivision, nommée
refente, sur des bases souvent très compliquées, selon
les différentes coutumes, et fort confuses surtout, à cause
des recherches généalogiques auxquelles elle donnait
lieu.

Placés entre ces deux systèmes contraires, les rédac-
teurs du Code établirent un système mixte. Tous les
biens, sans distinction de nature ni d'origine, ne forment
qu'une seule masse, un seul patrimoine ; deux parts en
sont faites, dont l'une est attribuée à la ligne paternelle,

l'autre à la ligne maternelle. C'est l'application de la règle : *Dimidium paternis, dimidium maternis.* Le parent le plus proche, dans chaque ligne, prend la part dévolue à cette ligne, et, s'ils sont plusieurs parents au même degré, ils partagent par tête. Il ne se fait de dévolution d'une ligne à l'autre, que dans le cas où il n'existe, dans une des lignes, aucun parent au degré successible.

Les germains concourent avec les consanguins dans la ligne paternelle, et avec les utérins dans la ligne maternelle : disposition du Code qui abolit celle du droit coutumier, qui, en vertu du privilége du double lien, excluait les consanguins et les utérins au profit des germains.

Section II.

De la représentation.

§ 1er — *Ce que c'est que la représentation.*

La représentation est une fiction de la loi qui fait entrer les représentants dans la place, le degré et les droits du représenté (art. 739 C. N.).

Cette définition, donnée par le Code, a été critiquée. Un grand nombre de jurisconsultes rejettent l'idée de fiction comme inexacte. Et pourtant elle se retrouve dans les discours du Tribunat et du Corps législatif, et dans les discours du Conseil d'Etat. Elle est en outre, consacrée par la loi, qui feint, en effet, que le décédé existe dans ses enfants. Cette fiction a pour objet de faire considérer le représenté comme héritier; ce qui, d'après moi, le prouve catégoriquement, c'est que l'art. 848 décide que le fils qui ne vient à la succession de son aïeul que par représentation, doit rapporter à cette succession ce qui avait été donné à son père, même dans le cas où il aurait répudié sa succession. Or, ce n'est pas lui, représentant, qui est donataire, mais son père, le représenté ; il ne peut donc y avoir lieu au rapport qu'en vertu de cette fiction de la loi qui fait considérer ce représenté comme réunissant les qualités et de donataire et d'heritier

§ 2. — *Au profit de qui la représentation est admise.*

La représentation fondée sur une raison d'équité, n'a lieu qu'au profit de ceux à qui devait arriver la succession du *de cujus*. Aussi, les ascendants n'y sont-il pas admis, parce que l'ordre naturel des choses ne les appelle pas, en général, à la succession de leurs descendants.

Peuvent donc seuls être représentés :

1o Les fils, filles du *de cujus* et leurs représentants ;

2o Les frères, sœurs et leurs descendants.

Ainsi, en ligne directe descendante, la représentation a lieu à l'infini (740 C. N.). En ligne collatérale, elle est admise en faveur des descendants des frères et sœurs du défunt, neveux et nièces ; mais elle ne le serait pas en faveur des enfants d'un cousin germain.

Pour représenter une personne , il faut nécessairement qu'elle soit morte ; aussi, on ne pourrait représenter celui qui a renoncé à la succession , ou qui en a été écarté comme indigne.

Mais on peut représenter la personne à la succession de laquelle on a renoncé, ou dont on a été exclu comme indigne.

§ 3. — *Effets de la représentation.*

La représentation a pour effet : 1º de faire monter les représentants au degré laissé vacant par leur ascendant ; 2º de ne leur attribuer dans la succession, quel que soit leur nombre, que la part qu'y aurait prise le représenté lui-même.

Ainsi le *de cujus* a-t-il laissé des enfants et des descendants d'un enfant prédécédé, ceux-ci ne seront certes pas exclus, mais ils ne prendront, à eux tous, qu'une part dans la succession, puisqu'ils n'y occupent qu'une place, celle qu'occuperait leur père s'il avait survécu. Supposons que le défunt avait deux fils, *Primus* et *Secundus*, tous deux prédécédés ; que *Primus* a laisé un fils et *Secundus* deux ; ces derniers ne prendront ensemble que moitié de la succession, part qu'aurait prise leur père ; le fils de *Primus* aura, pour lui seul, l'autre moitié. Si nous supposons que *Secundus*, au lieu de deux fils, ait laissé deux petits-fils, ceux-ci ne prendront toujours ensemble que la moitié de la succession, parce qu'ils n'auront droit qu'à la part de *Secundus*, qu'ils représentent.

La représentation produit les mêmes effets dans la ligne collatérale.

SECTION III.

Des successions régulières.

L'article 731 semble ne reconnaître que trois classes, trois ordres d'héritiers : les descendants, les ascendants, et les collatéraux ; mais il y en a véritablement quatre :

1° Les descendants ;

2° Les ascendants privilégiés, qui sont les père et mère du *de cujus*, et les collatéraux privilégiés, qui sont les frères et sœurs du *de cujus*, ou les descendants d'eux ;

3° Les ascendants ordinaires ;

4° Les collatéraux ordinaires.

§ 1er. — *Des descendants.*

L'ordre des descendants exclut tous les autres ; tant qu'il existe un descendant, soit légitime, soit naturel légitimé, soit adoptif, apte à succéder, aucun autre parent ne peut être appelé à la succession.

Quant à l'enfant adoptif, il faut remarquer que lui et sa descendance, tout en succédant à l'adoptant, sont exclus de la succession des parents de ce dernier.

Les descendants succèdent sans distinction de sexe

ou de primogéniture, encore qu'ils soient issus de différents mariages. Ces deux dispositions du Code ont eu pour objet d'abolir le droit d'aînesse et aussi la distinction faite par plusieurs coutumes entre les enfants nés de différents mariages , en vertu de laquelle ceux du premier succédaient aux immeubles acquis par leur auteur pendant le premier mariage, à l'exclusion des enfants qu'il avait eus d'un mariage subséquent.

Les descendants sont-ils tous du premier degré ou viennent-ils de leur chef, le partage se fait par têtes ; viennent-ils par représentation, le partage se fait par souches.

§ 2. — *Des ascendants et collatéraux privilégiés.*

Trois hypothèses peuvent se présenter :

1º Le *de cujus* a laissé ses père et mère, et des frères ou sœurs ou descendants d'eux. Les père et mère auront chacun le quart de la succession ; les frères et sœurs ou descendants d'eux, l'autre moitié de la succession.

2º Le *de cujus* a laissé son père ou sa mère seulement, et des frères et sœurs ou descendants d'eux ; ces derniers prendront les trois quarts de la succession ; l'autre quart est attribué au père ou à la mère.

3º A défaut de père et mère , les frères ou sœurs ou leur descendants prennent la totalité de la succession, de préférence à tous autres ascendants ou collatéraux.

Si les frères et sœurs sont du même lit, ils partagent

par tête la part qui leur est dévolue ; s'ils sont de lits
différents , on applique la règle *dimidium paternis ,
dimidium maternis ; les consanguins et les utérins* prennent part chacun dans leur ligne ; les germains prennent
part dans les deux lignes.

§ 3. — *Ascendants ordinaires.*

Les ascendants autres que père et mère sont appelés
en troisième ordre. La succession est partagée entre les
deux lignes paternelle et maternelle : dans chacune ,
l'ascendant le plus proche est appelé de préférence à
tous les autres collatéraux : les ascendants au même
degré , dans la même ligne , concourent entre eux
et partagent par tête.

§ 4. — *Collatéraux ordinaires.*

L'ordre des collatéraux ordinaires, qui est le qua-
trième, est appelé dans le cas où le défunt n'a laissé
ni enfants, ni frères, ni sœurs, ni descendants d'eux,
ni ascendants dans l'une ou l'autre ligne.

La succession se divise en deux parts : une pour la
ligne paternelle, l'autre pour la ligne maternelle. Dans
chaque ligne, c'est le collatéral le plus proche qui est
appelé à la succession.

Le survivant des père et mère, en concours avec ces
collatéraux, tout en prenant la pleine propriété des

biens affectés à sa ligne (c'est-à-dire la moitié de la succession), a, en outre, l'usufruit du tiers des biens dévolus à l'autre ligne.

La loi, jugeant qu'on rencontrerait trop de difficulté, pour établir les droits des parents trop éloignés, a déclaré qu'ils ne succéderaient pas au-delà du douzième degré (art 755, C. N.).

APPENDICE.

Succession des ascendants aux choses par eux données.

(747, C. N.)

L'art. 747 s'occupe d'une succession toute particulière et qui ne dépend en rien du système général que nous avons exposé.

§ 1. — *Nature du droit de l'ascendant donateur.*

Cette succession, appelée droit de retour, est celle par laquelle tout ascendant qui a fait à l'un de ses descendants une donation entre-vifs, reprend dans la succession de ce descendant donataire, mort avant lui sans postérité, les choses par lui données, si elles se trouvent encore en nature dans la succession, ou certains droits que la loi leur subroge.

C'est un droit de retour successoral ou légal, qui

existe en vertu de la loi, sans qu'il soit besoin, le moins
du monde, d'une stipulation expresse.

Aux termes de l'art. 747, les ascendants succèdent
aux choses par eux données : c'est donc à titre de successeurs qu'ils sont appelés.

Il faut donc conclure de là qu'ils contribuent, jusqu'à
concurrence de la valeur de ce qu'ils prennent, au paiement des dettes de la succession, et que ce retour
donne ouverture, au profit du trésor, au droit de mu-
tation par décès.

Il faut ajouter que cette succession anomale est
complètement indépendante et distincte de la succession
ordinaire, et que, par suite, l'une et l'autre peuvent
se réunir sur la tête de l'ascendant.

§ 2. — *Au profit de qui le retour a lieu.*

La loi ne distingue pas ; le retour a lieu au profit de
tout ascendant donateur.

Ainsi, le père qui a fait une donation entre-vifs à son
enfant naturel reconnu, profite du retour légal, lorsque
celui-ci est prédécédé sans postérité. En effet, si aux
termes de l'art. 766, les biens donnés à l'enfant naturel
retournent même aux enfants légitimes de ce père naturel, à plus forte raison retourneraient-ils à lui-même
s'il était vivant. Cette question, du reste, est sans
objet pour le père naturel, quand l'enfant n'a pas été
reconnu par la mère, car le père est, dans ce cas, le
seul héritier de son enfant naturel reconnu, décédé
sans postérité.

Mais le lien légal de parenté, né de la reconnaissance, n'existant qu'entre le père et l'enfant naturel
reconnu, il est évident que le droit de retour n'aurait
pas lieu : 1° au profit de l'aïeul naturel qui aurait fait
une donation entre-vifs à l'enfant légitime de son fils
naturel reconnu ; 2° au profit de l'aïeul légitime qui
aurait donné à l'enfant naturel reconnu de son fils
légitime.

§ 3. — *De l'ordre dans lequel l'ascendant donateur est appelé à cette succession.*

L'ascendant donateur, quant aux choses par lui
données, exclut tous les parents autres que les descendants du donataire.

Et par descendants, il faut entendre non-seulement
les descendants légitimes, mais encore l'enfant adoptif,
auquel la loi donne les mêmes droits qu'à l'enfant né
en mariage.

Mais que décider à l'égard des enfants naturels reconnus? Nous croyons qu'ils devraient exclure l'ascendant
donateur jusqu'à concurrence de la quote-part leur ap-
partenant dans la succession du père naturel qui les a
reconnus ; car, aux termes des art. 756 et 757 , ils
peuvent exercer leurs droits sur tous les biens qui composent la succession de l'auteur de la reconnaissance,
quelles que soient leur origine et leur nature.

A l'égard de l'enfant adoptif et de l'enfant naturel
reconnu , je trouve que la solution de la loi est dans un
sens absolument contraire aux motifs qui ont fait admet-
tre la disposition de l'art. 747.

§ 4. — *Quels biens doit recueillir l'ascendant donateur.*

L'ascendant succède aux choses par lui données qui se retrouvent dans la succession du donataire, où à certains droits que la loi subroge à ces choses.

Si la chose a été détériorée ou grevée par le donataire de droits réels, tels que d'un droit d'usufruit, d'hypothèque ou de servitude, l'ascendant la reprend dans l'état où elle se trouve à l'ouverture de la succession. Mais si la chose a été améliorée, il ne la reprendra qu'à charge d'indemniser la succession jusqu'à concurrence de la plus value résultant des améliorations, car il ne peut reprendre que ce qu'il a donné. Si le donataire l'a aliénée en totalité, soit à titre onéreux, soit par donation, testament ou legs, l'ascendant ne succède pas.

La chose donnée a été aliénée, mais le prix en est encore dû, ou il existe une action de nature à faire rentrer le bien dans le patrimoine ; l'ascendant donateur recueillera le prix, et, d'après la maxime « *qui actionem habet ad rem recuperandam, rem ipsam habere videtur,* » il succèdera aussi à l'action en reprise.

SECTION IV.

Des successions irrégulières.

La loi énumère trois ordres de successeurs irréguliers :

1º Les parents naturels ;
2º Le conjoint survivant ;
3º L'Etat.

§ 1er. *Des successions déférées aux parents naturels.*

I. Succession des enfants naturels aux biens de leur père ou mère. — Pour faire le réglement des droits de l'enfant naturel à la succession de ses père ou mère, la loi adopte pour base la part qui lui viendrait s'il était légitime, et lui en donne une fraction plus ou moins forte, suivant la qualité, et même, dans un cas, suivant le nombre des parents avec lesquels il est appelé.

Vient-il en concours avec les descendants? Cette fraction est du tiers ; avec des ascendants ou des frères et sœurs? elle est de moitié ; avec des collatéraux ordinaires? elle est des trois-quarts.

Dans les cas de concours entre l'enfant naturel et des descendants légitimes, sa part est plus ou moins forte, suivant que le nombre de ceux-ci est plus ou moins grand. Ainsi un enfant naturel, en concours avec un enfant légitime, prendra un sixième, c'est-à-dire le tiers de la moitié à laquelle il aurait droit s'il était légitime ; s'il y a deux enfants légitimes, il prendra un neuvième, le tiers du tiers, qu'il aurait eu s'il eût été légitime. Mais quelle part assigner à plusieurs enfants naturels en concours avec plusieurs descendants légitimes? D'après le système de la jurisprudence, on recherche la part qu'aurait chaque enfant naturel s'ils étaient tous légitimes, et chaque enfant naturel retient un tiers de la portion que ce calcul lui donne ; les deux autres tiers qu'on enlève à chacun d'eux profitent aux enfants légitimes. Ce système ne donne pas en réalité à chaque enfant naturel le tiers de ce qu'il aurait eu s'il eût été légitime , car les retranchements des deux tiers qu'on lui fait subir profitent exclusivement aux enfants légitimes. Quoi qu'il en soit, ce système, le plus simple de tous ceux qui ont été présentés , est celui qui semble préférable.

Dans le cas de concours de l'enfant naturel , soit avec des ascendants, des frères et sœurs ou descendants d'eux, soit avec des collatéraux ordinaires , le nombre des successibles est indifférent : sa part sera toujours de la moitié ou des trois quarts ; car s'il était légitime, il aurait toute la succession.

S'il y a des descendants dans une ligne et des collatéraux dans l'autre , le partage se fait comme s'il y avait deux successions , l'une dévolue aux ascendants, l'autre aux collatéraux , et l'enfant naturel prend la moitié de l'une et les trois-quarts de l'autre.

Mais on ne pourrait pas dire qu'il y aurait deux successions, dans le cas où il n'y aurait de parents que dans une ligne; car, dans ce cas, la portion afférente à la ligne qui ne compte pas de parents serait attribuée à l'autre ligne par droit de dévolution.

Si l'enfant naturel est décédé avant ses père et mère, ses enfants sont appelés à le représenter, mais ses enfants légitimes ou légitimés seulement; car les enfants naturels reconnus restent étrangers à toute personne autre que celle qui les a reconnus, et n'entrent pas dans sa famille.

De ce que les droits des enfants naturels sont toujours une quotité de ceux qu'ils auraient s'ils étaient légitimes, il en résulte :

1° Qu'ils ont un véritable droit de succession et de propriété, puisqu'ils acquièrent une fraction du droit de succession ;

2° Qu'ils peuvent réclamer, pour la fixation de leurs parts, le rapport des biens donnés ou légués par le défunt aux descendants légitimes ;

3° Qu'ils peuvent réclamer leur part en nature dans les biens de la succession.

Mais tandis que les héritiers légitimes rapportent, les enfants naturels imputent, sur ce qu'ils ont droit de prendre, tout ce qu'ils ont recu du *de cujus* ; et afin qu'ils reçoivent la fraction réelle de la part qu'ils auraient s'ils étaient légitimes, le réglement de cette imputation se fera sur leur part, calculée eu égard aux biens laissés par le défunt, y compris ceux donnés par lui, tant à ses enfants naturels qu'à ses enfants légitimes.

L'enfant naturel ne pourra donc jamais recevoir une part plus forte que celle que lui assigne la loi ; mais il pourra souvent avoir moins, car il peut être écarté du partage des biens laissés par ses père et mère. Les descendants légitimes ne peuvent exercer cette faculté que sous certaines conditions. La loi exige : 1° que l'enfant naturel ait reçu, par donation entre-vifs, la moitié de la portion qui lui est assignée dans la succession *ab intestat* ; 2° que le donateur ait déclaré expressément qu'il entend réduire son enfant naturel à la portion actuellement donnée ; 3° que cette donation soit acceptée par l'enfant naturel. La loi exige que cette réduction soit faite par donation entre-vifs, afin que le préjudice causé à l'enfant naturel soit compensé par une anticipation de jouissance.

Mais, s'il n'a pas reçu la moitié de ce que là loi lui attribue dans la succession *ab intestat*, — ce qu'il ne pourra constater qu'au décès de ses père et mère, — l'enfant naturel pourra réclamer le supplément : dès-lors, le but de la loi ne sera certainement pas atteint, car cet enfant naturel prendra part, avec les héritiers légitimes, aux opérations qni préparent le partage.

II. *Succession aux biens laissés par les enfants naturels.* — Lorsque l'enfant naturel reconnu est mort, sans descendants légitimes ou naturels, ses biens passent à ses père et mère, s'ils l'ont tous deux reconnu, ou seulement à celui qui l'a fait. Les pères et mères sont exclus ici par les enfants naturels et par les enfants légitimes d'un enfant soit légitime, soit naturel prédécédé ; car la loi ne distingue pas, et a dû préférer les enfants naturels au père naturel du *de cujus*.

Si l'enfant naturel ne laisse ni postérité, ni père, ni mère, les biens de la succession se divisent en deux masses distinctes : l'une, composée des biens retrouvés en nature, que l'enfant naturel a reçus de ses père et mère, passe à ses frères et sœurs légitimes ; l'autre, formée de tous les autres biens, est attribuée aux frères et sœurs naturels, et s'ils sont prédécédés, à leurs enfants ou descendants.

III. *Des droits des enfants adultérins ou incestueux.* — La loi ne leur accorde que des aliments : ils ne succèdent pas.

Ces aliments sont dus par les père et mère vivants, et après leur mort, par leurs héritiers.

Mais la prohibition de la loi de reconnaître un enfant

adultérin ou incestueux étant absolue, il n'est pas possible, pour obtenir ces aliments, de se prévaloir d'une reconnaissance, même la plus expresse ; ce n'est donc que lorsque, par suite de circonstances extraordinaires, la filiation est devenue certaine et publique, que l'article 762 peut recevoir sa pleine et entière exécution.

Lorsque le père ou la mère de l'enfant adultérin ou incestueux lui aura assuré des aliments de son vivant, ou aura pourvu à ses moyens d'existence en lui donnant une instruction professionnelle, cet enfant ne pourra élever aucune réclamation contre leur succession.

§ 2. — *De la succession déférée au conjoint survivant.*

A défaut de parents légitimes au degré sucessible et de parents naturels désignés par la loi, le conjoint survivant est appelé à la succession.

La séparation de corps, laissant subsister le lien conjugal, ne fait pas obstacle à la vocation de l'époux contre lequel elle a été obtenue.

Le mariage putatif donne, de même qu'un mariage valable, un droit de successibilité réciproque à chacun des conjoints , s'ils sont l'un et l'autre de bonne foi, et , dans le cas contraire , seulement à l'époux de bonne foi. Mais si ce mariage a été déclaré nul du vivant des époux, aucun d'eux n'est appelé à la succession, car il ne suffit pas, pour être habile à succéder, d'avoir été conjoint du *de cujus*, il faut l'être encore au moment de l'ouverture de la succession : or, dans ce cas, le mariage étant dissous pour l'avenir, le survivant n'est plus conjoint du *de cujus*.

§ 3. — *De la succession déférée à l'Etat.*

A défaut de conjoint survivant, la succession est déférée à l'Etat par droit de déshérence. C'est une application du principe que les biens vacants et sans maître appartiennent à l'Etat. C'est un droit de souveraineté qu'il exerce : d'où il faut conclure que; lors même que les biens appartiendraient à un étranger, c'est néanmoins l'Etat Français qui aurait le droit de les recueillir.

§ 4. — *Des formalités imposées aux successeurs irréguliers pour être envoyés en possession.*

Quoique légalement saisis des droits actifs et passifs du défunt, les successeurs irréguliers n'ont pas la saisine de l'exercice de ces droits, et doivent la demander à la justice, qui l'accorde ou la refuse, suivant qu'elle juge que leur qualité de successeurs irréguliers est ou non justifiée.

Cette demande doit être faite au tribunal du lieu de l'ouverture de la succession, qui, s'il croit devoir y donner suite, rend un jugement préparatoire par lequel il ordonne qu'elle sera rendue publique par trois publications et affiches, dont il détermine la forme et le délai. Après l'accomplissement de ces formalités, il statue, le ministère public entendu.

La loi impose, en outre, aux successeurs irréguliers, trois obligations qui ont pour objet la garantie de la restitution des biens héréditaires aux héritiers du défunt qui viendraient à se présenter plus tard. Ces obligations sont : 1º de faire apposer les scellés ; 2º de faire inventaire ; 3º de faire emploi du mobilier, ou donner caution suffisante, pour en assurer la restitution aux héritiers qui pourraient survenir plus tard. Cette caution est déchargée après le délai de trois ans.

L'Etat est dispensé de donner caution. Si ces formalités n'ont pas été remplies, le conjoint ou l'Etat pourront être condamnés à des dommages-intérêts envers les héritiers qui pourraient ultérieurement se représenter.

POSITIONS.

I. Peut-on représenter celui qui a renoncé à une succesion, ou qui en a été écarté comme indigne? — Non.

II. On peut cependant représenter la personne à la succession de laquelle on a renoncé, ou dont on a été exclu comme indigne.

III. L'aïeul naturel, qui a fait une donation entrevifs à l'enfant légitime de son fils naturel reconnu, ou l'aïeul légitime, qui a donné à l'enfant naturel reconnu de son fils légitime, ne jouit pas du droit de réversion.

IV. L'ascendant donateur est-il exclu par l'enfant naturel reconnu, quant aux choses par lui données? — Oui, mais pour partie seulement.

Droit Commercial.

De la lettre de change.

De l'acceptation (art. 118 à 128). — De l'aval
(art. 141-142).

QUELQUES DÉTAILS.

.

Je n'ai point, dans mon travail, à rechercher l'origine et l'ancienneté de la lettre de change ; je n'ai point non plus à prouver son utilité journalière et incontestable, au point de vue commercial. Mais avant de m'étendre sur l'acceptation et sur l'aval, je dois au moins, pour l'éclaircissement de la matière, définir la lettre de change, et dire quelles sont les personnes indispensables à l'existence même de la lettre de change.

La lettre de change est un acte solennel, en forme de lettre, par lequel une personne mande à une autre personne, résidant dans un autre lieu, de payer une certaine somme à celui au profit de qui la lettre est souscrite, ou au cessionnaire de ce dernier.

Celui qui crée la lettre de change s'appelle le tireur; celui, qui est chargé de l'acquitter, le tiré, et quand il a pris l'engagement de payer la lettre de change, il est qualifié d'accepteur. Il est donc simplement tiré, ou accepteur, suivant qu'il a déjà ou n'a pas encore pris cet engagement. La troisième personne, celle au profit de laquelle la lettre de change est créée, on l'appelle le preneur, ou mieux encore le porteur.

Maintenant que nous connaissons les dénominations usitées pour chacune des personnes qui figurent dans la lettre de change, abordons franchement avec ordre et méthode les questions suivantes :

1° Qu'est-ce que l'acceptation?

L'acceptation ajoute une nouvelle signature à la lettre de change et donne par conséquent plus de garantie au porteur; aussi pouvons-nous dire que l'acceptation est un contrat par lequel, celui qui accepte une lettre de change, s'oblige à en payer le montant : ce contrat oblige le tiré envers le porteur, mais nullement le porteur envers le tiré. C'est une conséquence du principe que la lettre de change constitue une valeur au profit du porteur, seul en droit de s'en prévaloir.

Dans le cas d'acceptation par violence, les jurisconsultes romains accordaient à la personne violentée une action pour se faire remettre de son engagement contre tout tiers détenteur.

En matière de lettre de change, on reconnaît généralement que le violenté peut se faire relever envers et contre tous, même envers les tiers-détenteurs de bonne foi ; mais le moindre retard et l'absence d'une protestation immédiate suffiraient pour couvrir le vice de consentement.

L'accepteur n'est pas restituable contre son acceptation, quand même le tireur aurait failli à son insu, et avant même qu'il ait accepté. Pourtant, s'il est prouvé que le porteur a caché frauduleusement la faillite à l'accepteur, ce dernier, je crois, ne serait plus engagé vis-à-vis de ce porteur.

2º Qui peut requérir l'acceptation.

Tout porteur d'une lettre de change, bien qu'il n'en soit pas propriétaire, peut requérir l'acceptation. Il suffit seulement qu'il soit détenteur du papier : l'acceptation est, en effet, donnée au papier, et non au porteur.

Le tireur et les endosseurs d'une lettre de change sont garants solidaires de l'acceptation ou du paiement à l'échéance. Le porteur n'est pas tenu de requérir l'acceptation; mais si le tireur avertit le porteur de la requérir et que le porteur néglige de la procurer, si le tiré refuse, au jour de l'échéance, de payer la lettre de change, le tireur aura contre le porteur négligent —

qu"il aura exposé aux actions récursoires des divers endosseurs—une action en dommages-intérêts.

Il semble que la loi apporte des exceptions au principe général , qui veut que le porteur ne soit pas tenu de requérir l'acceptation, puisqu'elle exige que le porteur la demande quand la lettre de change est payable à un ou plusieurs jours , ou à plusieurs mois de vue. Mais c'est que, dans ce cas , la loi s'est mal exprimée ; elle n'aurait pas dû parler de l'acceptation , mais seulement du visa qui fait courir le délai pour l'échéance.

3° *Formes de l'acceptation.*

L'acceptation est fournie par le tiré lui-même ; elle doit être requise à son domicile ; si c'est dans un autre lieu que son domicile , on devra indiquer le lieu où le paiement sera effectué. L'acceptation d'une lettre de change doit être signée. Si elle a lieu sur le papier lui-même, elle engendre des obligations absolues , de telle nature que le porteur définitif n'a pas à s'occuper des rapports qui existent entre le tireur et les signataires ; au contraire , l'acceptation qui n'est pas sur le papier n'engendre qu'une obligation relative et dépendante de ses rapports. L'acceptation est exprimée par le mot *accepté.*

L'acceptation est datée si la lettre est à un ou plusieurs jours ou mois de vue ; dans ce cas, le défaut de la date d'acceptation rend la lettre exigible au terme y exprimé à compter de sa date.

A quel moment le tiré est-il lié irrévocablement ? Est-ce au moment de l'apposition du mot *accepté*, ou lorsque la lettre de change est remise au porteur ? Ce n'est certainement que lorsque l'acceptation suit la demande, que le contrat est formé immédiatement ; ce contrat ne peut se former sans le concours des volontés. Mais que décider quand le tiré garde la lettre de change pendant le délai ordinaire de vingt-quatre heures, qu'il appose sa signature et le mot *accepté* sur la lettre, et qu'avant de la remettre au porteur, il biffe le mot accepté et sa signature, parce qu'il s'est aperçu qu'il a eu tort de le faire ? Pouvait-il le faire ? Oui, d'après M. Pardessus ; mais, en adoptant une semblable opinion, nous arriverions à donner à l'art. 122 de déplorables conséquences.

En effet, en principe, l'acceptation n'a pas besoin d'être datée : supposons alors un tireur insolvable qui est tombé en faillite ; quatre endosseurs solidaires, et que le tiré accepte sans dater son acceptation. Par cette acceptation les endosseurs sont dégagés, le tiré seul est obligé, sauf son recours contre le tireur qui, dans le cas présent, n'offre aucune garantie ; mais alors le porteur pourrait facilement réaliser un bénéfice par son concert frauduleux avec le tiré qui a accepté, en lui disant : « Vous avez accepté, le tireur est insolvable, vous allez tout perdre ; donnez-moi tel bénéfice, et je vous permets de biffer votre acceptation, et j'aurai, moi alors un recours contre les endosseurs qui sont solvables. » C'est là une fraude trop facile et que dès-lors il faut proscrire. Il faut donc reconnaître, qu'une fois apposée, la signature ne peut plus être biffée : le tiré est dès lors définitivement et irrévocablement lié ;

il sera obligé de payer sans aucun espoir de recours contre les endosseurs, car il s'est engagé en faveur du papier et non autrement. (Solution enseignée par M. Dufour.)

L'acceptation d'une lettre de change ne peut être conditionnelle. Tous les engagements peuvent, en principe, être soumis à une condition ; mais dans ce cas-ci, cette disposition est très rationnelle , car on ne doit pas pouvoir apporter des modifications à l'obligation que l'on s'impose.

Toutefois, si l'acceptation ne peut être conditionnelle, du moins elle peut être restreinte quant à la somme acceptée ; dans ce cas, le porteur est obligé de faire protester pour le surplus (principe consacré par la cour de Cassation).

Cependant, nous croyons que l'on peut, dans un cas particulier, déroger aux dispositions de l'art. 124. En effet, si le porteur trouve un avantage à l'acceptation sous condition, s'il a , par ce moyen , plus de chance d'être payé, il vaut mieux encore que ce soit sous condition que pas du tout. Cette condition , en effet, lie le tiré, si elle se réalise.

On peut objecter cependant que la lettre de change doit être présentée le jour de l'échéance, et protestée, faute de paiement , le lendemain, sinon, on perd tout recours contre les endosseurs, et même, dans certains cas, contre le tireur. Or, objecte-t-on, on ne peut protester contre celui qui n'est pas tenu, car le tiré, par l'acceptation, n'est tenu que conditionnellement.

Cette argumentation, au fond, n'a rien de sérieux et est toute spécieuse. Ne pourrait-on pas dire que si le porteur a pris cette acceptation conditionnelle , c'est pour lui et non pour le tireur. Le jour de l'échéance, il se présentera au domicile du tiré, et devra faire protester le lendemain : il devait, en effet, se tenir en règle, et par l'acceptation conditionnelle qu'il a reçue, il ne doit porter aucun préjudice au tireur.

4° — *Conséquences de l'acceptation.*

La position du tiré change considérablement avant ou après l'acceptation : tant que le tiré n'a pas accepté, il ne peut être actionné devant la justice consulaire, et ne sera pas soumis à la contrainte par corps; tandis qu'en acceptant, le tiré se reconnaît débiteur de la lettre de change et est soumis à toutes ses conséquences. Cet engagement est un engagement général vis-à-vis de tout le monde, et surtout, ce qui est remarquable, c'est que quand il est pris, le tiré perd les droits qu'il aurait pu avoir contre tous les endosseurs, et qui, ce semble, auraient dû lui appartenir puisqu'il aurait dû être subrogé aux droits du porteur en faisant un acte qui lui est avantageux.

5° — *De la non-acceptation.*

Ls refus d'acceptation est constaté par un acte que l'on nomme *protêt faute d'acceptation.* Il doit être fait le jour même ou le lendemain du refus d'acceptation. Le cas de force majeure, d'inondation, de guerre civile, peuvent amener la prolongation des délais.

Sur la notification du protêt faute d'acceptation , le porteur peut immédiatement exercer son recours contre les endosseurs et le tireur pour obtenir caution , à l'effet d'assurer le paiement de la lettre de change à son échéance. S'il a obtenu d'un endosseur son cautionnement, peut-il l'exiger des autres? En s'appuyant sur l'équité, on pourrait répondre non. Cependant la loi dit formellement le contraire dans l'art. 128 : c'est, qu'en matière de lettre de change , le principe de la solidarité doit toujours reprendre son empire.

6° — *Acceptation par intervention.*

Quand le tiré ne veut pas donner son acceptation, on peut requérir celle d'une tierce personne, c'est le cas de l'acceptation par intervention.

L'acceptation par intervention est l'engagement de payer la lettre de change, pris officieusement par un tiers, sur le refus du tiré de prendre lui-même cet engagement.

Le Code de Commerce exige que la lettre ait été protestée par suite du refus fait par le tiré d'accepter ; que l'acceptation par intervention soit mentionnée dans l'acte du protêt, et que l'intervenant signe sur la lettre même, afin que l'intervenant notifie dans le plus bref délai son intervention à celui pour qui il est intervenu. L'accepteur par intervention est subrogé aux droits de celui à qui il a donné sa signature.

Cette acceptation par intervention empêche-t-elle que que le porteur ne puisse exercer son action contre les

signataires de la lettre de change? Non, dit l'art. 128;
les dispositions de cet article semblent rendre inutile
l'acceptation par intervention, en conservant au porteur
tous ses droits contre le tireur et les endosseurs ; mais
cette disposition est très sage : il aurait souvent suffi
qu'un homme sans crédit fût intervenu et arrêtât l'action du porteur, pour lui enlever tout recours.

Lorsque la lettre de change est couverte de bonnes
signatures, le porteur devra nécessairement être re-
poussé de son action en recours : en effet, à l'échéance,
il est sûr d'être payé, si les signatures des endosseurs
sont de premier crédit.

Le tiré qui n'a pas voulu accepter directement la lettre de change, peut accepter par intervention : dans ce
cas, il est subrogé aux droits du porteur et il a son
recours contre tous les endosseurs et le tireur lui-même,
tandis que par son acceptation directe, il n'a de recours
que contre le tireur, car son acceptation libère tous les
endosseurs.

L'acceptation par intervention peut être donnée par
toute personne capable, bien entendu, et susceptible
d'être considérée à l'égard du porteur comme un tiers.
Les endosseurs peuvent-ils accepter par intervention ?
Le question est vivement controversée : nous pensons
qu'ils le pourront toutes les fois que leur intervention
présentera quelque utilité, soit aux signataires, soit au
tireur lui-même

De l'aval.

(Articles 141 et 142)

L'aval est une espèce de cautionnement donné en faveur du porteur de la lettre de change ; celui qui se porte garant de cette manière, s'appelle *donneur d'aval ;* de même que l'acceptation, l'aval sert à donner des garanties à la lettre de change, mais d'une manière plus directe, plus évidente ; aussi est-il employé avec répugnance par les commerçants ; ils préfèrent, en effet, recourir à un cautionnement indirect qu'à un cautionnement direct. Aussi, frappé du peu de nécessité de l'aval, on avait voulu le rayer de nos Codes : mais les deux uniques articles, qui s'en occupent, suffisent pour démontrer toute la timidité du législateur.

L'aval peut être donné pour quiconque est obligé au paiement de la lettre de change, tireur, endosseur ou accepteur ; il doit être donné par écrit, soit devant notaire, soit sous seing privé.

L'art. 142 dit que l'aval peut être fourni par acte séparé ou sur la lettre même ; mais ordinairement il est fourni par acte séparé, puisqu'il entraîne une certaine défaveur pour la signature du commerçant. Lorsqu'il est fourni sur le titre lui-même, il suffit qu'il soit donné par une simple signature ; il participe de la nature même du titre ; il n'est pas nécessaire de mettre le *bon* et *approuvé.*

Toutes les personnes capables de signer la lettre de change peuvent signer l'aval. Il peut être sous conditions ; le donneur d'aval peut même stipuler le bénéfice de division et de discussion, principes consacrés par la jurisprudence, bien que contraires à la lettre de change. Le donneur d'aval par acte séparé peut, en outre, par une stipulation spéciale, s'affranchir soit de la juridiction commerciale, soit de la contrainte par corps, soit de la solidarité, etc. ; en un mot, il est libre de régler lui-même l'étendue et les effets de son engagement comme bon lui semble, sauf au créancier à le refuser, s'il n'y trouve pas une garantie suffisante.

POSITIONS.

I. Serait-on recevable à alléguer une acceptation verbale ? (Pothier, interp. de l'ordonnance de 1673, tit. V, art. 2)—Non : l'art. 122 est formel. (Voyez dans ce sens, MM. Dalloz, Alauzet, Bravard-Veyrières. *Contrà*, Pothier, Ord. 1673)

II. L'acceptation par acte séparé (*par exemple par lettre missive), sera-t-elle une acceptation telle que l'entend l'art. 122 ? La question est chaudement controversée : l'affirmative est généralement admise. Pothier, Merlin (répertoire , v° lettre de change , § IV), et MM. Nouguier (T. I. n° 324), et Emile Olivier (Revue pratique , n° du 15 avril 1858, Tom. 5, pag. 218 et suiv.) disent oui ; — *contrà*, Bravard-Veyrières (de la lettre de change , pag. 238 et suiv.) Cour de Cassation (arrêt du 4 juillet 1843). En Allemagne, en Angleterre, pour les lettres de change de l'intérieur-inland bills (Revue étrang. et franç. , T. II , pag. 495), l'acceptation ne peut être faite que par écrit et sur la lettre même.

III. Le donneur d'aval a-t-il le droit d'exiger la discussion préalable du tireur, de l'accepteur ou de l'endosseur qu'il a cautionné, et peut-il se soustraire à la solidarité ? — Oui, mais dans le cas seulement où il aurait stipulé ces avantages.

Droit Administratif

De la compétence administrative et judiciaire
en matière de cours d'eau.

Par régime des eaux, dans le sens le plus général de cette expression, il faut entendre toutes les règles qui concernent les eaux , soit au point de vue de leur utilité, soit au point de vue des dommages qu'elles peuvent causer.

En Droit Administratif, on entend par régime des eaux, les règles qui concernent les eaux soumises à l'action de l'administration générale. Il faut donc en exclure toutes les eaux susceptibles d'un droit de propriété particulière et absolue, comme les sources, les eaux pluviales, les lacs particuliers, les étangs, les citernes , etc... Toutes ces eaux sont régies par le Droit Civil.

Le régime des eaux, dans le sens administratif de cette expression, comprend deux grandes divisions :

1° Les eaux qui font partie du domaine public, c'est-à-dire les fleuves et rivières navigables et flottables et les rivages, les lais et les relais de la mer, ainsi que les ports, hâvres et phares qui la bordent ;

2° Les cours d'eau qui ne font pas partie du domaine public, c'est-à-dire les cours d'eau qui ne sont ni navigables ni flottables.

Voyons maintenant quelles sont , en matière d'eaux, les diverses juridictions administratives.

On distingue deux sortes de juridictions administratives : la juridiction gracieuse , qui n'est autre chose que le mode d'action de l'administration active au premier chef, ou pouvoir gracieux, qui ne touche qu'aux intérêts des citoyens ; et la juridiction contentieuse , qui n'est que le mode d'action de l'administration active au second chef, ou pouvoir contentieux, qui touche aux droits primitifs ou acquis des citoyens.

Le mot juridiction ne devrait indiquer que le mode d'action du pouvoir contentieux, car le mode d'action du pouvoir gracieux ne peut guère prendre avec raison le titre de juridiction ; cependant, comme il n'y a dans le langage administratif aucune expression propre à désigner le mode d'action du pouvoir gracieux, on peut se servir de l'expression juridiction gracieuse, qui a du moins le mérite d'être connue et employée depuis longtemps.

Nous aurons aussi à examiner, en dernier lieu , la compétence des tribunaux judiciaires en matière d'eaux.

SECTION PREMIÈRE.

Juridictions gracieuses.

La juridiction gracieuse des préfets , en matière d'eaux, se compose des réglements de police concernant les chemins de halage ; des arrêtés réglementaires sur la navigabilité et le flottage ; des réglements particuliers des bateaux à vapeur naviguant à l'intérieur. pour ce qui concerne la police des départs et la sûreté des embarcations ; la destruction des ouvrages construits sans autorisation sur les cours d'eau des deux classes.

Le ministre des travaux publics a juridiction gracieuse, en matière d'eaux, pour faire les réglements relatifs à la police des eaux, et pour autoriser les particuliers à construire des ouvrages quelconques sur les rivières navigables ou flottables.

L'Empereur seul déclare les rivières navigables ou flottables, fixe les limites de la pêche maritime et de la pêche fluviale dans les rivières qui affluent à la mer ; les dimensions des instruments permis pour la pêche. En Conseil-d'Etat, l'Empereur accorde les concessions de moulins et usines sur les cours d'eaux navigables ou non ; il autorise les prises d'eau dans les rivières navigables ou flottables ; il fait les réglements d'eau définitifs sur les rivières non navigables ni flottables.

:TION II.

Juridictions contentieuses.

En matière d'eaux, le contentieux appartient presque exclusivement aux conseils de préfecture ; cependant, le Ministre des Travaux Publics est compétent : 1° pour régler et arrêter le mémoire des déboursés, tels que modèles, levées de plans et voyages, lorsque les projets et plans fournis par un architecte sont exécutés par lui ; 2° pour statuer sur les réclamations des tiers contre ces devis qui portent atteinte à leurs droits ; 3° pour connaître de l'existence et de la validité des adjudications, le tout pour les travaux publics ayant rapport au régime des eaux.

Après instruction des préfets le ministre des travaux publics connaît des difficultés que peut faire naître l'exécution des décrets portant concession d'usines ou de prises d'eau, ou règlement d'eau, pourvu qu'il ne s'agisse pas d'interpréter ces décrets.

Il a le droit d'ordonner les travaux et réparations à faire sur un cours d'eau non navigable ni flottable, de mettre les frais à la charge des riverains ou des usines établies sur ce cours d'eau et de fixer les proportions dans lesquelles chacun d'eux doit y contribuer.

Les préfets n'ont pas de juridiction contentieuse en matière d'eau.

C'est aux conseils de préfecture que sont dévolus les cas les plus importants en matière d'eaux.

Les conseils de préfecture ne sont compétents en matière de cours d'eau non navigables ni flottables que pour prononcer sur les difficultés qui naissent des travaux de curage ou d'entretien de ces cours d'eau , et des recouvrements des rôles que l'ou dresse pour le paiement de ces travaux. Mais, en vertu de l'attribution générale qui leur est dévolue en matière de travaux publics, les conseils de préfecture sont seuls compétents pour connaître des difficultés contentieuses auxquelles les travaux, dont les eaux du domaine public seraient l'objet, pourraient donner lieu, soit entre les concessionnaires , on entrepreneurs et l'administration vis-à-vis des tiers.

En ce qui concerne le contentieux des travaux publics , la compétence des conseils de préfecture résulte : du décret des 7, 11 septembre 1790 , art. 3, 4 et 5 , surtout de la loi du 28 pluviose an VIII , dont l'art. 4 est ainsi conçu :

« Le conseil de préfecture prononcera :

» Sur les difficultés qui pourraient s'élever entre les
» entrepreneurs de travaux publics et l'administration,
» concernant le sens ou l'exécution de leurs marchés ;
» sur les réclamations des particuliers qui se plaindront
» de torts et dommages procédant du fait personnel des
» entrepreneurs, et non de l'administration ; sur les
» demandes et contestations concernant les indemnités
» dues aux particuliers à raison des terrains pris et
» fouillés pour la confection des chemins , canaux , ou
» autres ouvrages publics. »

De plus , l'art. 1er de la loi du 29 floréal an X (19 mai 1802), accorde aux conseils de préfecture la connaissance des contraventions de grande voirie.

Cet article est ainsi conçu :

« Les contraventions, en matière de grande voirie,
» telles qu'anticipations, dépôts de fumiers ou autres
» objets, et toutes espèces de détériorations commises
» sur les grandes routes, sur les arbres qui les bor-
» dent, sur les fossés, ouvrages d'art et matériaux
» destinés à leur entretien, sur les *canaux, fleuves* et
» *rivières navigables*, leurs chemins de halage, francs-
» bords, fossés et ouvrages d'art, seront constatées,
» réprimées et poursuivies par voie administrative. »

L'art. 4 ajoute :

« Il sera statué définitivement en conseil de préfec-
» ture. »

L'énumération de l'art. 1er de la loi du 29 floréal an X, est incomplète, et il faut conclure de là que les autres contraventions, qui n'y sont pas énoncées sont, malgré le silence de cette loi, attribuées à la juridiction contentieuse des conseils de préfecture, qui sont par suite compétents pour connaître des contraventions commises :

1o Sur les rivages de la mer ;

2o Sur les ports maritimes de commerce et sur ceux des rivières et canaux navigables ;

3o Dans le lit et sur les bords, les quais et autres dépendances de ces canaux et des rivières navigables et flottables ;

4o Sur les chemins de halage et marche-pieds, le long des rivières navigables et flottables ;

5o Sur les arbres qui bordent les routes ou les canaux ;

6o Sur les talus ou fossés des routes et canaux, etc.

Nous concluons donc en disant que c'est aux conseils de préfecture que la loi attribue la connaissance des cas les plus importants en matière d'eaux.

SECTION III.

Compétence des tribunaux ordinaires en matière d'eaux.

Eaux de la première division. — 1° Tribunaux civils. Quand le domaine revendique contre un particulier la propriété de terrains délaissés par une rivière, ou celle d'une île formée dans le lit d'un cours d'eau navigable ou flottable : cette question, de même que beaucoup d'autres, ne met en jeu que des intérêts privés, et doit donc être portée devant les tribunaux ordinaires. De même les concessions plus ou moins étendues qui ont été accordées aux riverains peuvent occasionner des recours de particulier à particulier. Les contestations auxquelles donnent lieu ces concessions et leur exercice, et toutes les questions de propriété, en un mot, sont du ressort des tribunaux ordinaires.

Quand une entreprise porte préjudice à certains droits privés, les individus lésés peuvent, sans contredit, se pourvoir devant les tribunaux ordinaires pour obtenir une indemnité des concessionnaires, quoique la concession émane de l'autorité administrative.

2° Tribunaux répressifs. — L'art. 437 du Code Pénal, qui punit de la réclusion quiconque aura volontairement détruit ou renversé les ponts, digues ou chaussées, paraît être le seul en vertu duquel les cours d'assises soient compétentes pour connaître des délits commis en notre matière.

La compétence des tribunaux correctionnels est plus étendue. Lorsqu'un conseil de préfecture juge des délits de grande voirie, il doit, après avoir prononcé l'amende, renvoyer le contrevenant devant le tribunal de police correctionnelle, pour que ce tribunal prononce la peine corporelle.

Tous les délits prévus par la loi du 15 avril 1829, sur la police de la pêche sont de la compétence des tribunaux ordinaires. Ceux-ci connaissent encore des contraventions de la loi du 9 juillet 1836 sur les droits de navigation et des délits prévus par l'art. 457 du Code Pénal.

Eaux de la seconde division. — Tribunaux civils et répressifs.

— La compétence des tribunaux ordinaires est, pour les rivières non navigables, à peu près la même que pour les rivières navigables ; elle est écrite dans les art. 15 et 16, titre 2 de la loi du 6 octobre 1791, et dans les art. 457 et 471 du Code Pénal.

POSITIONS.

I. Lorsqu'un conseil de préfecture juge des délits de grande voirie, peut-il, après qu'il a prononcé l'amende, prononcer la peine corporelle ? — Non.

II. Depuis le décret du 25 mars 1852 (art. 4, tabl. D), les préfets peuvent accorder l'autorisation pour les établissements temporaires sur les cours d'eau.

Cette Thèse sera soutenue, en séance publique, dans une des salles de la Faculté de Droit de Toulouse, le 10 Mai 1865.

Vu par le président de la Thèse,

DUFOUR.

Toulouse, imprimerie Troyes Ouvriers Réunis, rue Saint-Pantaléon, 3.